गुमनाम परिंदे
(… की लकीर)

Booksclinic Publishing

Website: - **www.booksclinic.com**
B.D. Complex, Near Tifra Over Bridge, Bilaspur,
Chhattisgarh, India, 495001

ISBN: 978-81-946961-7-9
Book: Poetry
First Edition Published
by Booksclinic Publishing 2021

गुमनाम परिंदे

(एहसास की लकीर)

तड़ित कुमार महतो

Khwahish waha nahi dum todti,
Jahan log hamen Haara hua samjhe...
Khwahish waha par dum Todti,
Jaha ham khud Ko Haara hua samjhe...

Agar zindagi rasta hai to,
MAUT Manzil hai...
Agar zindagi sach hai to,
MAUT hakiqat hai...

Na Asmaa ke pass Zamin thi,
Na zamin ke pass Sitara tha...
Apno ki talash me Na koi apna tha,
Raste me the per Na koi Manzil thi...
Jeet to jaate haar Jung,
Par ye Jung the apno ke sung....

तड़ित कुमार महतो

Na koi Mera apna tha,
Na apna koi Mera tha...
Agar es bheed me koi Mera tha,
To bas mere sath Mera dhundhla sa saya tha...

Kahan koi samajh Paya,
Mera likha hua dard ko...
Mei ehsash likhta hu,
Aur log Alfaaz padhte Hai...

Ek Insan ka Dard bhara fasana tha,
tute the Khwab par kuch karke dikhana tha...
waqt Ka takaza to woh jhel gya,
Par hua ek afsos,
Wahi dil tute the Jaha uska thikana tha...

Beychani mujhe uske pyar me thi,
aur shak use mere pyar par Hui..
Thaak kar Aaj haar baithe,
Jo khwabon me Jeet hamari thi...

———— ❧ ————

Khuwabo ke parindey ka perr tute dekha hai maine,
Udne se pahle tufan ka aana dekha maine...

———— ❧ ————

Likhane ko har dastah likh du apna,
Par padhega Kaun???
Kehne ko apna Sara dard keh du apna,
Par sunega Kaun??
Marne ka kya hai abhi mar jaaun per puchega Kaun...

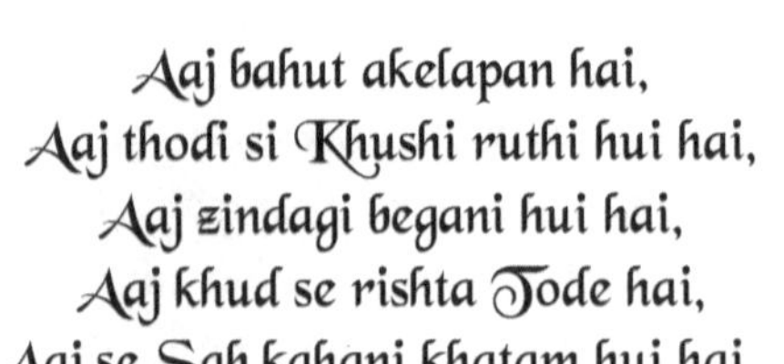

Aaj bahut akelapan hai,
Aaj thodi si Khushi ruthi hui hai,
Aaj zindagi begani hui hai,
Aaj khud se rishta Jode hai,
Aaj se Sab kahani khatam hui hai...

Aaj ja raha hu mehfil se,
Shayad phir Mera mehfil na hoga...
Kabhi himmat se beithe the apno ke sath,
Phir Shayad kabhi apno ka sath Na hoga...

Mujhe Sukoon nhi nahi dard chahiye,
sukun ham khud dhundh lenge...
Mujhe jawab nahi sawal chahiye,
Jawab to hum khud dhund lenge...

Jab tanhaee ke baadal gherte hai,
tab yaadon kee baarish shuru hoti hai...
Baarish me koi bheege ya na bheege,
par yaha baadal me log aksar kho jaate hai...

Dhup me apna ashk bhi adhuri rah gayi,
Manzil ke liye raste adhuri rah gayi...
Jaye bhi toh kaha jaye es begani duniya me????
Es bheed me kahani bhi adhuri rah gayi....

Khudka akhs ko dhundhna tha,
khud Ko hi kho beithe...
Zindagi ke safar me,
khud se hi rishtey tod beithe...

तड़ित कुमार महतो

Raste abhi khatam maat karna,
Manzil abhi baki hai...
Kahani abhi khatam maat karna,
Zindagi abhi baki hai...

Sans thaam si gayi hai,
Bas tere dur jane se...
Ho sake to laut aa kisi bahane se,
Kahi zindagi na thaam jaye tere na aane se....

Azadi tutte bandagish ki tarah...
Khushi tutte ansoo ki tarah...
Khawab tutte hakiqat ki tarah...
Zindagi tutte maut ki tarah...

तड़ित कुमार महतो

Zindagi ka bharosa kabhi maat karna,
Kyuki aaj tak zindagi kisiki nhi hui...
Maut se kabhi naraz na hona,
Duniya thukra sakta par maut apna sakta hai....

Dhundta raha khudko haar jagah haar pal,
Par aeyne me khada shaks kaun tha...
Maine khudko hansta hua dekha tha,
Par ye rota hua aeyne me khada shaks Kaun tha...

Ye jhute zazbaat,
Ya sach ka katal...
Ye jhute umeed,
Ya bishwas ka katal...
Ye jhute zindagi,
Ya maut ki manzil...

तड़ित कुमार महतो

Aaj diye ne saara eshaash jala dala,
Khatam hote hi tel saara zazbaat mita dala
Isme bechare tel ki kya Kasoor,
Khud jal ke Rui ko baccha dala...

———— ❧ ————

Kitna ajeeb baat hai na???
Na kabhi kisiko fark padte dekha,
Na kabhi kisiko sath dete dekha...
Na hum the kisike aor na hamara tha koi...
Kitna ajeeb baat hai na...

———— ❧ ————

Khamosh hu par kano me chiik hai...
Akela hu par apno ka sath hai..
Bheed hai par koi sath nahi hai...
Bebas hu par kamjor nahi hu...

Kya kahu,
Kise kahu,
Kaise kahu,
Zindagi koi mazak nahi...
Bas mazak me zindagi hai..

Aaj tutta hu..
Sayad phir sambhal na Pau,
Girr ke phir sayad uth na Pau,
Aaj rushwa sayad haar raste aor manzil hai...
Phir sayad dil ki baat kisi se keh na Pau,
Aaj tutta hu...
Sayad phir aaj sambhal na Pau..

Chalte chalte aaj girey hai,
Dhoudte to afsosh na tha..
Zindagi se ab haar gaye hai,
Maut milta to dukh na tha...

Logo ke Alfaaz me kabhi bharosa maat karna,
Eshaash waqt pe badal jate hai..
Zindagi ke rasto me kabhi yakin maat karna,
Manzil aksar hume gumrah kar dete hai...

Samet ke saare dard ko,
Le chalna hai apne sath uss Safar me...
Thaak Kar na gire hum jis rah pe,
Bas ab wahi Tak chalna hai iss Safar me...

Tanhai ka badal aaj yu gehre hai,
Mano Dil me andhera Chhaya hai...
Sukoon me Ajeeb sa bijli ki kadkadahat hai,
Mano zindagi ki sari Khushi barish me Baras gaye
hai...

Kaash mei Samrat hota Aur tu meri Rani..
Kash hamara har Sapna pura hota,
Aisi hoti koi hamari kahani...

Dhundhte dhundhte kho gaya hu,
Pana hai kya mujhko...
Khudse aaj haar Gaya Hu,
Pana tha kya mujhko...

Kaun hai hum,
Aur kiski mujhe talash hai..
Kis bheed me Jau,
Har mehfil gehra hai..
Kahan talashu khudKo,
Apno ki talash hai..
Kaun sa kirdar apna hai,
Yahan logon ke chehre Lakho hai...
Mat ja ye Dil kahin bhi,
Yahan koi nahi apna hai...

तड़ित कुमार महतो

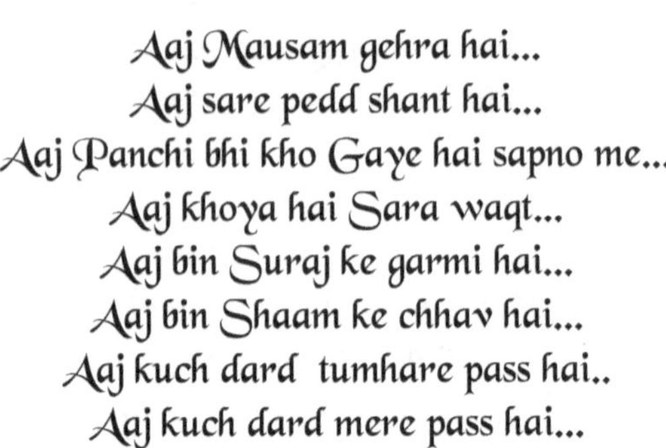

Aaj Mausam gehra hai...
Aaj sare pedd shant hai...
Aaj Panchi bhi kho Gaye hai sapno me...
Aaj khoya hai Sara waqt...
Aaj bin Suraj ke garmi hai...
Aaj bin Shaam ke chhav hai...
Aaj kuch dard tumhare pass hai..
Aaj kuch dard mere pass hai...

———— ⌘ ————

Aaj tune woh kiya,
Jo hum kabhi chahe nahi...
Pass jitne hum the tere,
Aaj dur tumne mujhe utna Kiya....

———— ⌘ ————

Chand se pahle Suraj Ko dekha,
Samay se pahle waqt Ko dekha...
Yeh kaisa bandagish hai zamane me,
Zindagi se pahle maut ko dekha...

तड़ित कुमार महतो

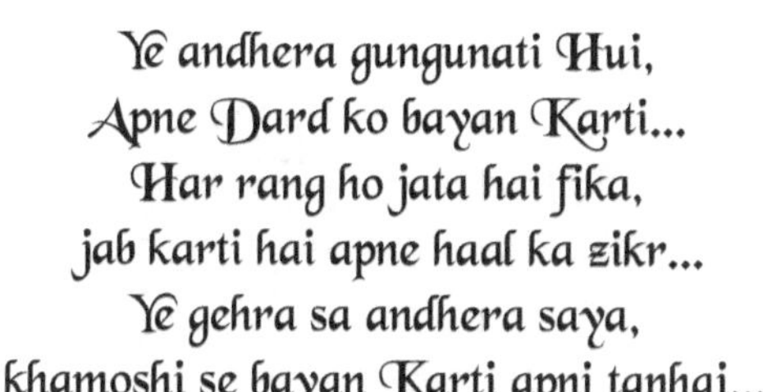

Ye andhera gungunati Hui,
Apne Dard ko bayan Karti...
Har rang ho jata hai fika,
jab karti hai apne haal ka zikr...
Ye gehra sa andhera saya,
khamoshi se bayan Karti apni tanhai...

Na roti ye aankhen,
Agar na dukhta ye mann...
Aor Na khatam hoti ye zindagi ,
Agar na milti ye maut...

Chalte chalte Aaj ruk gaya hu,
yah mat samajhna ki thak Gaya Hu...
Mujhko mat dekho,
Bas Abhi Abhi girne se bach Gaya Hu...

तड़ित कुमार महतो

Maat dhundna es bheed me,
Mei khoya nahi hu...
Mat aana mere Kareeb,
Mei kisiko milta bhii nahi hu...

———— ❧ ————

Apno ke liye kabhi,
Khudko badal na Dena...
Waqt ane pe apne badal jate hai,
Bas Hume badal Kar...

———— ❧ ————

Jhoot ka Sahara vo lete hai,
Jisne sach ka Daman chhora hai...
Zindagi ki baat wahi karte hai,
Jisne maut ko mazak samjha hai...

Manzil pe Aakar log,
Aksar rasto ka kadar kho dete hai..
Gairon ka sath pa kar log,
Aksar apno ka sath chod dete Hai...

Khush ho tum,
kyuki azaad ho tum...
Saheed to woh huye,
Jo desh ko zanjir se bachaye..

Aaj raat khamoshi Sa hai,
Aaj kuchh Dard naya sa hai..
Aaj kuchh bikhare se hai,
Aaj Shayad kuchh sambhal na paye Hai..
Aaj Jugnu bhi kho Gaye hai raaton me,
Aaj sayad Tutt gaye hai zindagi me...

तड़ित कुमार महतो

Khwab the tutte,
Bikhre the hum...
Zindagi ki talash me,
khud Ko khoye the hum...

———— ❧ ————

Ab tak likha nahi Jo,
Ab likh raha hu dheere -dheere...
Kal Tak Jo samajh Na sake eshaash mere,
Aaj mei wo haar ek Alfaaz likh raha hu..

———— ❧ ————

Umeed se aaj beithe hai,
Mann me yeh bishwas liye...
Jeet ke ab dikhana hai,
Zindagi me Marne se pehle...

Aankhen yuh Num hai Raat,
Aansu se Gehri hai baat...
kitpatango ki Sansanahat se gunji awaaz,
Na jaane kitni hi dafan ho gaye hai ehsash..

Ye Pyar ek Raat hai,
Raat se ishq tab karna,
jab sare rang dikhai de...

Uss gali jana chhod Diya,
Jis gali me apna koi nahi...
Hmmmmmm thoda Dard hua,
Par ab apna koi nahi...
Waqt jab bhi karwat leta hai,
sara naseeb hi palat deta hai...
Zindagi se sikhwa mat karna,
Sidha rishta maut se jod deti hai...

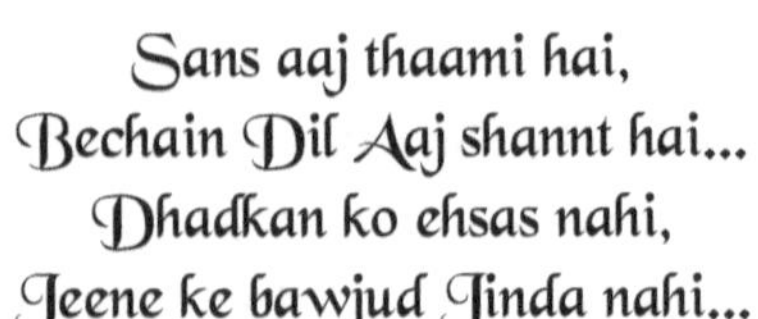

तड़ित कुमार महतो

Sans aaj thaami hai,
Bechain Dil Aaj shannt hai...
Dhadkan ko ehsas nahi,
Jeene ke bawjud Jinda nahi...

———— ❧ ————

Jab chalti hai thandi hawaye,
To bhigti hai nigahe....
Jab bharasti hai kale badal,
Tab dhadakta hai mann...
Jab kadakti hai bijli,
To kapta hai Dhadkan...
Jab bhigti hai zameen,
Tab rukhte hai sanse..
Jab rukhti hai hawaye,
To chup hota hai nigahe...

———— ❧ ————

Maut dekh ke ghabra mat jana,
Jeete jee Darr mat jana...
Zindagi to bas ek mazak hai,
Marne se pehle ghabra maat jana...

Likhne walo ne kya - kya nhi likha...
Dard ke sath apna alfaz tak likh diya...
Likhte likhte itihaas tak likh diya,
Aor tum ho ki padh bhi nhi pate...

Zindagi kabhi bhi kisi chiz ka mohtaaz nhi hoti,
Bas mohtaaz me zindagi guzar jati hai...
Apno se sikhwa kaisa,
Par shikayat me din guzar jati hai...
Din me kaam se thak jate hai,
Sote hi khawabo me raat guzar jati hai....

Aaj eshaash thaam sa gaya hai,
Tanhai ke basti me kho gaye hai...
Bheed me na dhundoo hume,
Dard ke bazar me nilaam ho gaye hai...

तड़ित कुमार महतो

Jab koi eshaash karata hai,
Ki hum unke liye kuch nahi...
Tab ja ke eshaash hota hai,
Ki hum khudke liye kuch to hai....

Kehte-kehte kab chup ho gaye,
Pata hi nahi chala...
Chalte - chalte kab Rukh gaye,
Pata hi nahi chala....
Apno ke mehfil me kab tanha ho gaye,
Pata hi nahi chala...
Zindagi ke safar me kab akela ho gaye,
Pata hi nahi chala...

Na hum hote,
Na hume dukh hota...
Na ye zindagi hoti,
Na khatam Meri kahani hoti....

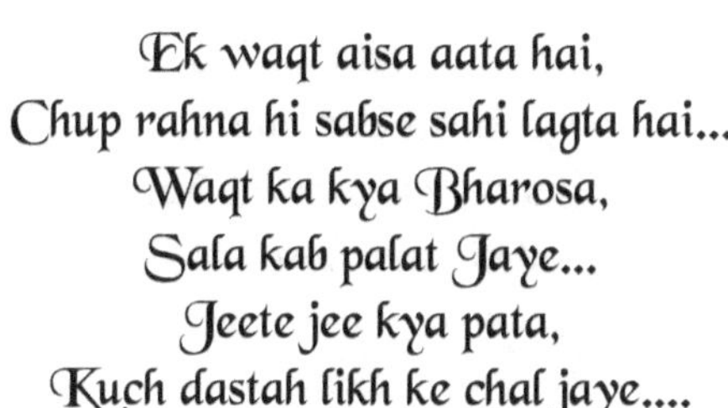

Ek waqt aisa aata hai,
Chup rahna hi sabse sahi lagta hai...
Waqt ka kya Bharosa,
Sala kab palat Jaye...
Jeete jee kya pata,
Kuch dastah likh ke chal jaye....

———————❦———————

Raah maat dekho dhoop ki abhii barish me badal bahut
hai...
Mere bare dur se hi jano,
Mujhme dafan kahani bahut hai...

———————❦———————

Lafz nahi hai bayan karne ko,
Phir bhi khudko chirr ke bayan karta hu...
Agar samjhoge Alfaaz mere,
To samjh jaoge zindagi me eshaash tere...

Ishq ek dhaaga hai,
Jo kabhi jata nahii...
Zindagi ek khawab hai,
Jo kabhi pura hota nahii....

————— ❧ —————

Kaise kalyug hai ye duniya ab,
Insaan ko marr ke insaan janam le rahe hai...
Na chahte hue bhi zinda marr rahe hai,
Jalta lash dekh ke bache bade ho rahe hai...
Insaniyat ki ab baat kaha,
Insan ko marr ke insan janam le rahe hai...

————— ❧ —————

Ye raat me chalti thandi hawa,
Bhinga rahi hai mann ko...
Halki si barish yaad dila rahi mujhko,
Kaha dhundo mei ab khudko...

Barish ke badh ka dhoop,
Mano zakham me marham...
Isme kadi dhoop,
Mano dard me zakham...
Unme tanha hai jahan me hum,
Mano hai kisika intezar....
Uspe chalti halki si sansanti hui hawa,
Mano kami ka eshaash...
Sarir ke zarre zarre me bhagti ye hawa,
Mano humhare hone ki umeed...
Rukhte hi sanso ka rukhna,
Mano Bishwas me safar...
Ye utti nighaye chir ke roshni,
Mano hamare hone ka eshaash...
Barish ke badh ka dhoop...

Ruthe hue hai log,
Rutha hua hai Sara khawab...
Ruthe hai Sara zamana,
Rutha hua hai hum...

Kya kahu ab apna,
Mana ki mera koi Manzil nahi...
Par mujhe wo rasta bhi pasand nahi,
Jiski koi Manzil nahi ..

Tanha dil aaj tanha hi rah gaya,
Na chahte hue bhi akela rah gaya...
Na sikhwa hai na sikayat kisi se,
Phir bhi dil khudse hi naraz rah gaya...

Aaj mere pass kuch nahi,
Isliye dur-dur bhagte ho...
Kal tere pass sab kuch hoga,
Bas uss sab me kahi hum nahi honge...

Andhero ko kabhi,
Roshini pe hawi hote dekha hai...
Rasto ko kabhi,
Manzil se juda hote dekha hai...
Agar dekha ho to batana,
Humne choti si zindagi me,
khud Ko khudse juda hote dekha hai...

तड़ित कुमार महतो

Jab raat ko nind tutti hai,
To ghabrata hai ye dil...
Ann chahe sawalo se bhagta hai ye dil..
Na chahte hue bhi dukta hai ye dil...
Phir bhi na jane kyu,
Kuch nahi samjhta hai ye dil ..

Jab ho koi sath,
To apno ka wasta dete hai log...
Jab koi sath na ho,
To dilasa dete hai log...
Jab ho koi akela,
To dur bhagte hai log...

Dhund hi raha tha khudko,
Aaj mei mila khudko...
Bheed me logo ke chehre bahut hai,
Tanhai me paya mei khudko....

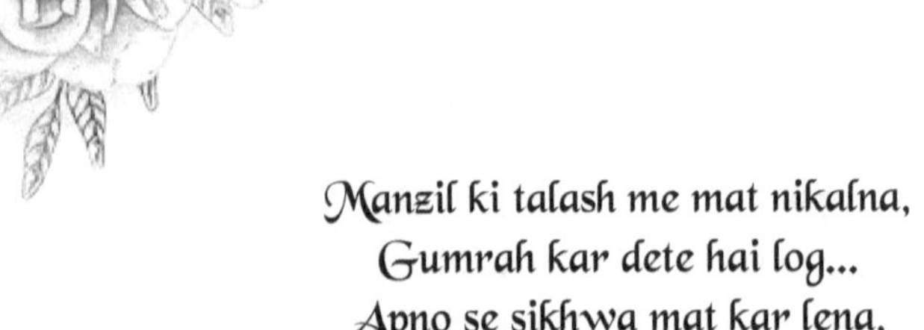

तड़ित कुमार महतो

Manzil ki talash me mat nikalna,
Gumrah kar dete hai log...
Apno se sikhwa mat kar lena,
Sath chor dete hai waqt pe log....

———— ❧ ————

Jhut ka sahara lene wale,
Kabhi dil ki baat nahi karte....
Apno ka wastah dene wale,
Kabhi bhi apne nahi hua karte ....

———— ❧ ————

Soye the khawabo me,
Aaj jaggey hai hakikat me..
Kal tak anjaan the haar chiz se,
Aaj sab jaan ke chup hai mehfil me...

Maat dhund mujhe ye mehfil me,
Dard ke siwa kuch nhi hoga...
Bheed me to Lakho Nazar milenge,
Gumnaam bas hum Nazar ayenge...

Zindagi ek kagaz hai,
Likhne ko kayi kahani hai...
Maut hi Manzil hai,
Bas kehne ko hi ye zindagi hai...

Dukh ke sagar me girte hai jab koi,
Na chahte hue bhi doob jate hai log...
Dard ka zikr mat kar na aise me,
Warna bewaja muskura dete aise log...

तड़ित कुमार महतो

Azaadi ke naam pe gulam hai hum,
Bin barish ke bhinge hai hum...
Kaha jahe es toofan me hum,
Pankh hai tutte aor bikhre hai hum...

———— ⌘ ————

Jane diya aaj usko,
Jisko palko pe beithaya tha....
Sans thamm si gayi,
Ye dard mera tha...

———— ⌘ ————

Khamoshiyo ke Sansanahat se awaaz jab hoti,
Tab saare patte-patte se sarsarahat sa hoti...
Zindagi se ab kya kahe hum,
Maut hi hume zindagi ka sara eshaash delati ...

Khoye the khudme,
Kahani thi chupi saabi...
Kisi kehte dastah apna,
Maut ke samne khaadi thi zindagi apni...

Sanse thamm si jati hai,
Jab sawal ho zindagi ke samne...
Sawal ka jawab to maine bahut dekhe,
Par dekhna tha jawab sawal ke aage...

Zindagi jab bhi karwat leti hai,
Sara ka sara eshaash badal deti hai...
Manzil se gumrah mat ho jana,
Thookar hi insaan ko chalna sikhati hai...

तड़ित कुमार महतो

Jal ki bhi apni hi dastah hai,
Jal ki bhi apni hi kahani hai,
Tehre rahti hai toh tasvir dekha deti hai....
Hile to pura tasvir hila deti hai...

Mujhe itna paisa nahi kamana,
Jitna ek naukar kamata hai...
Mujhe to bas itna kamana hai,
Jitna ek malik kama nahi sakta...

Jab koi Alfaaz samajh nahi pate,
Tab saare zazbaat marr jate hai...
Sagar ki gehraiyo me mat jana,
Dobne wale eshaasho me bhi doob hi jate hai...

Koshish tab tak karo,
Jab tak koshish ko pata na ho...
Jis din koshish ko pata ho,
Us din koshish karna chhod do...

Katil hai ye mera dil,
Jaan akhir mera le hi liya...
Sapne to mere bhi bahut the,
Par hakikat ke rasto ne sara sapna tod diya...

Ye ansoo kisiko nhi dekhenge,
Ye dard mera hai...
Ye chiik kisiko nhi sunai dega,
Ye awaaz mera hai...
Ye thartharahat nahi mehsus hoga,
Ye eshaash mera hai...

तड़ित कुमार महतो

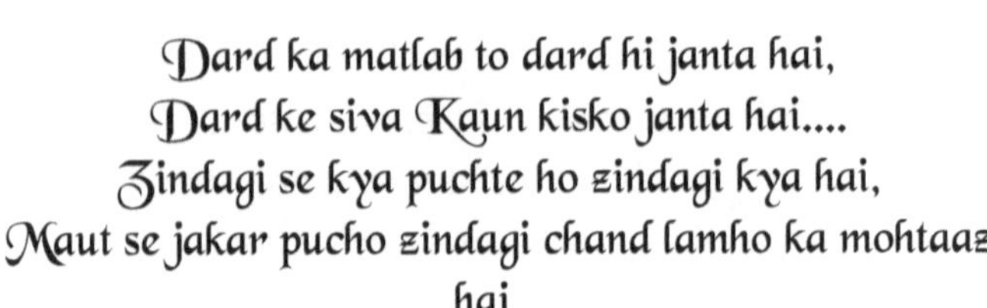

Dard ka matlab to dard hi janta hai,
Dard ke siva Kaun kisko janta hai....
Zindagi se kya puchte ho zindagi kya hai,
Maut se jakar pucho zindagi chand lamho ka mohtaaz
hai...

Jab sawal ka jawab milta hai,
To ghabrata hai ye Dil...
Dil ka kya hai tutt hi jayega,
Akhir ek din zindagi ka sath bhi chhut hi jayega ...

Kahani likhte -likhte ,
Dastah likh beithe...
Logo ka kya hai???
Sunte -sunte kahani samajh beithe....

Ye bhagta bachpan dhund rahi ehsaash ko,
Paye the humne sanskar jaha se...
Dhund rahi kadam haar patte ko...
Dur tak jana hai jis safar me,
Kahani ko le chalna hai asman me ...

Ek din aisi subha ho,
Ki phir kabhi raat na ho...
Ek din aisi raat ho,
Ki phir kabhi subha na ho....

Ab haar gaya hu,
Isliye jeet ki umeed chhor diya hu...
Kal tak jo kuch bhi tha mei,
Wo haar ek jazbaat kho diya hu...

Zindagi ka kya Bharosa,
Na jane kab kaha le jaye...
Jana to hai ek din sabse dur,
Kya pata kab wo din aa jaye...

Kismat ke lakhiro me,
Jab tak yakeen mat karna...
Jab tak kismat,
Aa ke khud na keh de...
Ki mei tera kismat hu...